Starkt SINNE

Dedikerad till vördnadsvärda Wangdor Rimpoche

Skriven av Ziji Rinpoche
ww.shortmomentsforkids.com

Illustrerad av Celine Wright
Serie: Lär känna sinnet nr. 2

Copyright © 2020 Short Moments for Kids
(*Korta stunder för barn*)

Svensk översättning © 2022

Alla rättigheter förbehållna.

Ingen del av denna publikation
får reproduceras eller distribueras i någon form
utan föregående skriftligt medgivande från utgivaren.

Text © 2020 Ziji Rinpoche
Illustrationer och omslagsdesign © 2020 Celine Wright
Titel på originalspråk: 'Strong Mind'

Bok nr 2 i serien "BeginningMind" (*Lär känna sinnet*)

Inbunden bok ISBN: 978-1-915175-30-4
Pocketbok ISBN: 978-1-915175-29-8
E-bok ISBN: 978-1-915175-38-0

http://shortmomentsforkids.com

Short Moments of Strong Mind
for Kids

Dedikerad till...dig!

Träna ditt starka sinne när du har stormiga känslor
för ditt starka sinne är alltid lyckligt, lugnt
och fullt av kraftfull godhet.
Ditt starka sinne är alltid där för att hjälpa dig.
Ditt starka sinne tillhör dig och ingen kan ta det ifrån dig!
Det tillhör dig!

Sinnet är snällt. Sinnet är kärleksfullt.
Sinnet är alltid starkt och smart.

När vi förlitar oss på vårt starka sinne
så växer vår vänlighet och kraftfulla energi.

Hur vet du vilka ord du
ska använda när du pratar?

Och tankar och känslor kan inte berätta för vårt sinne vad det ska göra.

Våra tankar och känslor flyger förbi, som en fågel på himlen, utan att lämna något spår.

Hmmm, på tal om stormiga känslor...
Var finns de stormiga känslorna?
Vi tittar efter. Finns de stormiga känslorna...

I din rygg?

I din stortå?

Sinnet är starkt och lugnt, som himlen.
Stormiga känslor är som en regnbåge på himlen.

Precis som en regnbåge snabbt försvinner,
på samma sätt försvinner de stormiga känslorna.

Det starka sinnet är snällt och helt fyllt...

...med kraftfull energi.

Författaren Ziji Rinpoche och hennes lärare Wangdor Rimpoche

Ziji Rinpoche älskar att undervisa och skriva och hennes senaste bok heter 'When Surfing a Tsunami...'. Ziji Rinpoche är efterträdaren till Dzogchenlinjen efter vördnadsvärda Wangdor Rimpoche. Varje metafor och nyckelinstruktion kommer från Dzogchenläror som förs vidare från en lärare till nästa, som en gyllene bergskedja.

Wangdor Rimpoche bad Ziji Rinpoche att främja Dzogchen inom dagens globala kultur. Ziji Rinpoche skapade Short Moments onlinegemenskap för ömsesidigt stöd i att lära sig om sinnets natur. Genom appen Short Moments kan alla få tillgång till djupgående och kraftfulla Dzogchenträningar. Läs mer på http://shortmoments.com

Illustratören Celine Wright

Celine älskar att rita, stärka och stötta barn och berätta historier. När hon introducerades till sinnets natur av Ziji Rinpoche var hon förundrad över sinnets kraft, öppen som himlen, alltid klar och rik på visdom oavsett stormiga känslor. Hon insåg att hon skulle ha älskat att lära sig om sinnet som barn. Hon inspirerades att illustrera träningarna i barnböcker som introducerade starkt sinne för barn. Genom att kombinera sin konstnärliga kandidatexamen och sin masterutbildning i scenkonst med Dzogchen (student hos Ziji Rinpoche sedan 2007) och Early Years (barnskötare), undervisar Celine nu Dzogchen för barn, håller bokläsningar på skolor och festivaler och älskar att illustrera nya böcker på http://shortmomentsforkids.com

www.ingramcontent.com/pod-product-compliance
Lightning Source LLC
Chambersburg PA
CBHW041502220426
43661CB00016B/1232